ÉTATS-UNIS D'AMÉRIQUE

LOIS SUR LES PATENTES

ET LES

MARQUES DE FABRIQUE

PAR

D.-A. CASALONGA

INGÉNIEUR-CONSEIL

15 — rue des Halles — 15

PARIS

Prix : 3 fr.

CHARLEVILLE

TYPOGRAPHIE ET LITHOGRAPHIE DE A. POUILLARD

1883

ÉTATS-UNIS D'AMÉRIQUE

LOIS SUR LES PATENTES

ET LES

MARQUES DE FABRIQUE

PAR

D.-A. CASALONGA

INGÉNIEUR-CONSEIL

15 — rue des Halles — 15

PARIS

Prix : 3 fr.

CHARLEVILLE

TYPOGRAPHIE ET LITHOGRAPHIE DE A. POUILLARD

1883

ÉTATS-UNIS D'AMÉRIQUE

LOIS SUR LES PATENTES

ET LES

MARQUES DE FABRIQUE

Extrait de la *Chronique industrielle.*

L'excès des autres travaux nous a fait interrompre la publication des lois étrangères, relatives à la *propriété industrielle,* garantie par des brevets d'invention ou patentes, par des dépôts de *modèles*, de *dessins* ou de *marques de fabrique* (1).

Nous allons reprendre la publication de ces diverses lois, en continuant par celle qui régit actuellement la matière aux Etats-Unis de l'Amérique du Nord, et qui résulte de l'assemblage des divers statuts qui ont été successivement consacrés et modifiés, depuis le 10 avril 1790. C'est à cette date que fut organisée la pensée exprimée dans la Constitution du 17 septembre 1787; *qu'il est nécessaire d'accorder aux auteurs et aux inventeurs un droit exclusif sur leurs écrits et sur leurs découvertes, pendant un temps limité, afin d'encourager les progrès des sciences et des arts utiles.*

L'acte législatif de 1790 fut successivement modifié en 1793, en 1800, en 1832, en 1861; puis toutes ces modifications furent codifiées par la loi du 8 juillet 1870, qui se substitua à toutes les autres, et qui fut

(1) Les guides, donnant aux inventeurs, les lois spéciales aux brevets, en France, Belgique, Luxembourg, Allemagne, Espagne, Portugal, Brésil, République Argentine, ont déjà paru. 2 fr. par guide.

elle-même amendée les 11 janvier et 24 mars 1871, le 18 juin 1874, et 15 août 1876. En outre, comme on le verra plus loin, le Chef du *Patent-Office* a le droit de changer certaines parties du règlement, ainsi qu'il l'a fait le 1er décembre 1879, le 1er septembre 1880, et qu'il est à la veille de le faire, pour quelques *règles*, à la vérité peu importantes, en 1882.

L'ensemble de la législation, que nous allons exposer, se divise en quatre parties principales relatives : 1° à l'*organisation* du bureau des patentes et à ses attributions ; 2° aux *patentes*; 3° aux *patentes* pour *motifs* d'ornement ; 4° aux *marques de fabriques*.

Les Etats-Unis ont adopté et conservé opiniâtrement le principe de *l'examen préalable*, qu'ils cherchent à appliquer dans les meilleures conditions possibles, par une organisation très-forte, supérieure de beaucoup à celle de l'organisation allemande.

Certes, si jamais nous pouvions nous laisser entraîner aux fausses séductions de ce principe, ce serait avec la conviction qu'il serait appliqué d'après les moyens *matériels* dont dispose le *Patent-Office* américain. Mais l'expérience nous a montré trop souvent quelles difficultés naissent de l'application de ce principe, pour que, de la meilleure foi du monde, et malgré l'avis contraire de beaucoup d'esprits distingués, parmi lesquels nous aimons à citer M. Ch. Laboulaye, nous puissions espérer l'adopter jamais.

Il y a des cas où l'application de ce principe revêt un tel caractère d'ignorance capricieuse ou arbitraire, que l'on ne peut se défendre d'un sentiment de révolte en songeant qu'il faut à l'inventeur, placé fréquemment à de grandes distances, lutter contre une opinion émise souvent avec légèreté et qui néanmoins entraîne à des dépenses et à des lenteurs, la plupart du temps aussi inutiles que vexatoires.

Le grand inconvénient de l'examen préalable est

de coûter cher, de faire perdre beaucoup de temps, et de donner lieu à de nombreuses erreurs d'interprétation.

L'examen préalable, fût-il infaillible, a le tort de peser sur un grand nombre de brevets que les inventeurs eux-mêmes abandonnent.

Mais loin d'être infaillible, l'examen préalable est au contraire très faillible, ainsi que l'expérience le démontre tous les jours. Cette faillibilité est d'ailleurs forcée si on considère bien toutes les circonstances qui entrent dans l'examen des brevets et toutes les causes qui doivent contribuer à faire errer les examinateurs.

On admettra, pensons-nous, qu'il peut se faire qu'il y ait des examinateurs qui manquent de la capacité voulue, ou qui n'attachent pas à leur fonction l'importance qu'elles ont, à la fois, pour l'industrie et pour l'inventeur.

Nous n'admettrons pas cependant une telle hypothèse; non plus celle qui représenterait les examinateurs comme sensibles à des antipathies ou à des sympathies nationales, personnelles ou amicales, ou comme accessibles à des sentiments d'intérêt.

Des examinateurs capables et désintéressés, étant admis, considérons leur tâche. Ils auront, ou pourront avoir, à examiner dans un seul pays près de dix mille demandes par an (plus de vingt-cinq mille aux Etats-Unis), soit en moyenne trente-deux brevets par jour. S'il y a, comme à Washington, trente-deux examinateurs pour cette tâche, chaque examinateur aura à juger un brevet par jour, sans parler des autres formalités à vérifier ou à remplir.

Or, si l'on considère combien le domaine public est riche aujourd'hui de matériaux, par suite des nombreux brevets pris, et des ouvrages édités par la science industrielle, on conviendra qu'il n'est pas de brevet qui n'ait des similitudes, même fort grandes, avec tel ou tel brevet, tel ou tel ouvrage spécial, tel ou tel article de tel ou tel journal, dictionnaire encyclopédique, etc.

Après donc que l'examinateur aura dû bien *lire* et *bien comprendre* la description et les dessins du brevet, il lui faudra *chercher* les antériorités analogues, les *examiner*, puis les *comparer* avec l'objet du brevet considéré, et enfin *conclure* d'une manière claire et précise.

Hé bien! Un tel travail ne peut être sérieusement fait dans un jour. Il y a des brevets qui demandent plus de temps que cela pour être seulement lus et bien compris.

On pourrait objecter, avec une apparence de raison, qu'aux Etats-Unis, au moins, on a prévu cet inconvénient, et que l'on y a remédié en instituant un nombre considérable d'examinateurs, s'élevant jusqu'à 110. Mais il faut bien reconnaître que ce nombre, fût-il doublé, serait encore insuffisant pour faire un *véritable* examen; en outre, ces examinateurs agissent successivement pour chaque brevet et non simultanément; de sorte que la situation reste bien telle qu'elle a été envisagée et d'autant plus qu'il y a peu de demandes qui ne soient d'abord *objectées*.

Cela résulte d'un premier et préliminaire examen par lequel on se borne à signaler à l'inventeur tel livre, et plus généralement tels brevets, qui traitent du même objet. Et voilà l'inventeur obligé de faire *lui-même* un premier examen préalable. Quelquefois l'inventeur y renonce, pour des motifs divers, et alors les soins donnés par l'examinateur, à sa demande, l'ont été en pure perte. Quelquefois aussi il examine les motifs invoqués contre lui, et il est tout étonné, la plupart du temps, de voir que les objections sont en grande partie mal fondées. Il lui faut alors fournir de nouvelles explications; montrer que son système est différent de celui ou de ceux qu'on lui oppose. L'affaire est de nouveau examinée par un examinateur d'un ordre supérieur ou par un Comité qui lui, à son tour, invoque souvent d'autres antériorités qui avaient échappé au premier examen. L'inventeur est de nouveau obligé d'examiner, de réfuter, et ainsi de suite, jusqu'à ce qu'il ait par sa tenacité, *gain de cause*, ce qui arrive presque toujours, quand l'affaire est bien conduite, soit par l'inventeur lui-même, soitpar des agents dévoués, attentifs et capables.

De quoi se plaindre alors, dira-t-on, si l'inventeur sérieux et persévérant arrive presque toujours à ses fins, et obtient, en somme, un brevet qui, ayant subi des examens sérieux, doit avoir à ses yeux une plus grande valeur ?

Mais on se plaint uniquement du temps et de l'argent qu'on lui fait perdre assez inutilement. C'est surtout pour les brevets étrangers, par suite des rédactions, traductions, dessins, que les frais dépassent de beaucoup les taxes perçues, sans que la valeur du brevet en ait été aucunement augmentée, au contraire ; car, il est rare que le brevet passe par de telles épreuves sans y laisser quelque chose de son objet, et cela sans avoir retiré de cet examen aucune garantie réelle. En effet, rien n'empêche qu'un tel brevet soit attaqué et annulé.

Et puis, que voit-on encore ? Les Etats-Unis et l'Allemagne sont les deux seules puissances qui exercent l'examen préalable, entendu dans son acception la plus large. Hé bien ! souvent un brevet accordé par le *Patent-Office* américain, est refusé par le *Patentamt* allemand. L'inverse a quelquefois lieu, bien que plus rarement ; le Bureau des Etats-Unis examine avec plus de soin et de condescendance les réclamations de l'inventeur.

Ceux-là qui ont l'habitude de suivre, ou de conduire des procès en contrefaçon, conviendront combien il est difficile de se prononcer, sans une étude longue et attentive, sur la similitude ou la dissemblance d'un brevet considéré, avec un autre brevet ou d'autres brevets, qu'on lui oppose. Ce n'est, en France et ailleurs, qu'à la suite d'une longue instance, éclairée par des documents et des plaidoiries, suivie généralement d'une minutieuse expertise, quelquefois réformée elle-même, que l'affaire se juge.

On ne peut disconvenir qu'il y a, dans une telle procédure, plus de garanties pour l'inventeur que par l'examen préalable, fait sommairement hors de sa présence. On la trouvera plus coûteuse peut-être; mais : si on réfléchit qu'elle ne s'applique qu'à un nombre limité de brevets, ayant généralement produit des résultats ; qu'avant d'y recourir, les intéressés étudient ou font étudier préalablement les points du litige, on reconnaîtra que l'examen fait *après, quand il y a lieu*, et aux frais *du seul intéressé* est préférable à l'*examen préalable, fait toujours* aux frais de tout le monde et de *tous les inventeurs* indistinctement.

Voici pourquoi l'examen préalable est un moyen détourné et onéreux, qui porte atteinte à la liberté de l'invention, en même temps qu'il tend à diminuer l'initiative et la responsabilité de l'inventeur. Et voici pourquoi nous nous en sommes toujours déclaré un adversaire si convaincu, qu'au Congrès de 1878, nous n'avons pu pas même nous rallier au principe de l'examen préalable *officieux*. Tout ce que nous pourrions concéder, dans l'application de ce malheureux principe, ce serait que l'inventeur restât libre de *demander* lui-même l'examen préalable, et le *payât de ses deniers*. Si l'examen préalable est vraiment un bienfait, nul inventeur ne voudra s'en priver.

La loi américaine, une des plus anciennes et des mieux étudiées, offre d'autres points qui sollicitent l'attention des inventeurs et de leurs conseils ainsi que celle du législateur; nous les examinerons après avoir d'abord exposé cette loi en détail, malgré sa longueur exagérée et l'enchevêtrement de ses diverses sections.

PREMIÈRE PARTIE

ORGANISATION

D'après les statuts révisés par le 43e congrès, et approuvé le 22 juin 1874, l'organisation du bureau des patentes, aux Etats-Unis (département de l'intérieur), comprend :

Un commis chef aux appointements de 2,250 dollars par an.
Un examinateur chargé des interférences (2,250 d.).
Un examinateur chargé des marques de fabrique (2,250 d.).
Trente-deux examinateurs principaux (2,500 d.).
Trente-deux premiers aides-examinateurs (1,800 d.).
Trente-deux seconds aides-examinateurs (1,600 d.).
Trente-deux troisièmes aides-examinateurs (1,400 d.).
Un bibliothécaire (1,800 d.).
Un machiniste (1,600 d.).
Trois dessinateurs experts (1,200 d.).
Trente-cinq copistes de dessins (1,000 d.).
Un employé (1,200 d.).
Un employé chargé des courses et achats (1,000 d.).
Huit gardiens dans la salle des modèles (1,000 d.).
Huit gardiens dans la salle des modèles (900 d.).

Sec. 475. — Il y aura au département de l'intérieur un bureau connu sous le nom de *Patent-Office* où toutes les archives, les livres, modèles, dessins, spécifications, et les autres papiers et objets concernant les patentes seront gardés et conservés soigneusement.

Sec. 476. — Il y aura au *Patent-Office* un commissaire des patentes, un aide commissaire et trois examinateurs en chef qui seront nommés par le président, d'après et avec l'avis et le consentement du Sénat. Tous autres fonctionnaires, commis et employés autorisés par la loi pour le *Patent-Office*, seront nommés par le secrétaire de l'intérieur, sur la présentation du commissaire des patentes.

Sec. 477. — Les appointements des fonctionnaires mentionnés dans la section précédente seront réglés comme il suit :

Le commissaire des patentes, 4,500 dollars.
L'aide-commissaire des patentes, 3,000 d.
Trois examinateurs en chef, chacun 3,000 d.

Sec. 478. — Le sceau, autrefois désigné pour le *Patent-Office*, continuera à être employé pour les lettres patentes et les pièces délivrées par l'Office.

Sec. 479. — Le commissaire des patentes et le chef clerc, avant d'entrer en fonctions, devront verser un cautionnement, avec garanties, au trésorier des Etats-Unis, le premier pour la somme de 10,000 dollars, le second pour 5,000 dollars, dans le but de garantir l'accomplissement fidèle de leurs devoirs respectifs, et afin qu'ils rendent aux fonctionnaires du Trésor un compte exact de toutes les sommes reçues par eux dans l'exercice de leurs fonctions. 2

Sec. 480. — Tous les fonctionnaires et employés du *Patent-Office* ne pourront, pendant le temps où ils toucheront leurs appointements, acquérir ou prendre, directement ou indirectement, excepté par héritage ou legs, aucun droit ou intérêt dans une patente délivrée par l'*Office*.

Sec. 481. — Le commissaire des patentes, sous la direction du secrétaire de l'intérieur, dirigera toutes les formalités concernant la concession et la délivrance des patentes et indiquées par la loi; il sera chargé de tous les livres, archives, papiers, modèles, machines et autres objets concernant le *Patent-Office*.

Sec. 482. — Les examinateurs en chef seront des personnes ayant le savoir juridique et la capacité scientifique nécessaires, et leurs fonctions consisteront, sur la demande écrite du demandeur, à réviser et à décider la validité des décisions contraires des examinateurs en cas de demandes de patentes, de réexpéditions de patentes, et d'interférences; et sur l'ordre du commissaire, ils examineront les demandes de prolongation, feront des rapports à ce sujet, et s'occuperont de toutes les affaires de ce genre que le commissaire pourra leur confier.

Sec. 483. — Le commissaire des patentes, sous l'approbation du secrétaire de l'intérieur, peut de temps à autre établir des règlements, en conformité avec la loi, pour les formalités à suivre au *Patent-Office*.

Sec. 484. — Le commissaire des patentes fera classer et ranger dans des casiers appropriés, dans les salles et galeries préparées pour cet objet, les modèles, spécimens de composition, articles fabriqués ou manufacturés, ouvrages d'art, motifs d'ornement qui ont été ou seront déposés au *Patent-Office*; les salles et galeries seront, à des heures convenables, ouvertes au public.

Sec. 485. — Le commissaire des patentes peut rendre aux postulants les modèles relatifs à des demandes rejetées, s'il croit inutile de les conserver, ou bien il peut les vendre ou en disposer autrement pendant un an, après le rejet final de la demande, en versant au Trésor le produit réalisé, comme on le fait pour les autres sommes provenant des patentes.

Sec. 486. — On achètera, pour l'usage du *Patent-Office*, une bibliothèque d'ouvrages scientifiques et périodiques, étrangers ou américains, dans le but d'aider les fonctionnaires dans l'exercice de leurs fonctions, dans les limites du crédit annuel qui a cette destination.

Sec. 487. — Dans des cas graves, le commissaire des patentes peut refuser de reconnaître une personne comme agent de patentes, soit en général, soit dans une affaire particulière; mais les raisons de ce refus devront être dûment établies et soumises à l'approbation du secrétaire de l'intérieur.

Sec. 488. — Le commissaire des patentes peut faire imprimer toutes les pièces déposées au *Patent-Office*, aux frais du déposant, si elles ne sont pas correctement, lisiblement et clairement écrites.

Sec. 489. — Le commissaire des patentes peut imprimer ou faire imprimer des copies de demandes relatives à des questions courantes, et des copies de toutes les lois, décisions, règlements et circulaires, d'après ce qui est nécessaire à l'information du public.

SEC. 490. — Le commissaire des patentes est autorisé à imprimer de temps en temps, et à distribuer gratuitement, cent cinquante exemplaires des spécifications complètes et des dessins concernant chaque patente délivrée à l'avenir, avec des tables appropriées des matières; un exemplaire sera placé dans chaque capitale d'Etat ou de territoire, pour être librement examiné par le public; un exemplaire, pour le même objet, dans les bureaux du clerc de la cour de district de chaque district judiciaire des Etats-Unis, sauf quand ces bureaux sont placés dans une capitale d'Etat ou de territoire; un exemplaire dans la bibliothèque du Congrès. Ces exemplaires seront certifiés par le commissaire avec le sceau du *Patent-Office*, et leurs dépositaires ne les emploieront pour aucun autre usage que pour servir de preuve.

SEC. 491. — Le commissaire des patentes est autorisé à imprimer un nombre supplémentaire d'exemplaires de spécifications et dessins, certifiés, comme il est dit dans la précédente section, en proportion des demandes, pour les vendre à un prix ne dépassant pas le prix d'adjudication; et il est également autorisé à fournir une collection complète des spécifications et dessins à toute bibliothèque publique qui paiera la reliure de manière à avoir des volumes correspondants à ceux du *Patent-Office*, ainsi que les frais de transport, et qui s'engagera à veiller soigneusement à la garde de ces documents, avec droit d'examen garanti au public, en observant les règlements que le commissaire jugera convenable.

SEC. 492. — Les lithographies et gravures qui devront être faites en vertu des deux sections précédentes, seront adjugées aux meilleurs et plus bas enchérisseurs, dans l'intérêt du gouvernement, en ayant égard à l'exécution de l'ouvrage (l'ouvrage sera exécuté sous la surveillance du commissaire des patentes, qui recevra les offres des compétiteurs). Acte du 15 août 1876.

SEC. 493. — Le prix à payer pour des exemplaires imprimés, non certifiés, de spécifications et dessins de patentes, sera déterminé par le commissaire des patentes, dans les limites de dix cents au minimum jusqu'à cinquante cents au maximum. (*Le cent vaut un peu plus de 5 centimes; c'est la centième partie du dollar qui vaut 5 fr. 20.*)

SEC. 494. — Le commissaire des patentes déposera devant le Congrès, tous les ans, au mois de janvier, un rapport donnant un état détaillé de toutes les sommes reçues pour patentes, pour copies d'archives ou dessins, ou pour tout autre objet; un état détaillé de toutes les dépenses accidentelles et frais divers; une liste de toutes les patentes délivrées dans l'année précédente, en en indiquant l'objet par des titres convenables; une liste alphabétique de tous les patentés, avec l'indication de leurs domiciles; une liste de tous les brevets qui ont été prolongés pendant l'année, et tout autre renseignement relatif au *Patent-Office* qui pourra être utile au Congrès ou au public.

SEC. 495. — Les collections de l'expédition d'exploration qui sont actuellement au *Patent-Office* seront sous la surveillance et l'administration du commissaire des patentes.

SEC. 496. — Toutes les dépenses du *Patent-Office* seront faites par le payeur du département de l'intérieur.

SEC. 892. — Les copies manuscrites ou imprimées des registres, livres, papiers ou dessins appartenant au *Patent-Office* et des lettres-patentes, copies authentiquées par le sceau et certifiées par le commissaire, ou celui qui en fait fonction, serviront de preuves dans les mêmes conditions que les originaux ; toute personne qui en fera la demande, et acquittera la taxe légale, obtiendra ces copies certifiées.

SEC. 893. — Les copies de spécifications et dessins relatifs à des lettres-patentes étrangères, certifiées comme il est dit dans la section précédente, serviront de preuve, en ce qui concerne le fait de leur délivrance, leur date et leur objet.

SEC. 894. — Les copies imprimées de spécifications et dessins de patentes, que le commissaire est autorisé à faire faire pour la distribution gratuite, et à déposer dans les capitales des Etats et territoires, et dans les bureaux des clercs des cours de district, seront, quand elles auront été certifiées par lui et authentiquées par le sceau de son office, reçues dans toutes les Cours comme preuves pour toutes les matières y contenues.

SEC. 1537. — Aucun article patenté concernant des machines de navigation ne sera dorénavant acheté et employé pour des steamers de guerre, avant d'avoir été soumis à un bureau compétent d'ingénieurs maritimes, et recommandé par ce bureau, par écrit, pour être acheté et employé.

SEC. 1673. — Aucun droit ne sera payé par les Etats-Unis à un quelconque de leurs fonctionnaires ou employés pour l'usage d'une patente, ou partie de patente concernant l'objet mentionné dans la section précédente, ni pour aucune patente de ce genre dans laquelle les dits fonctionnaires ou employés seraient intéressés directement ou indirectement.

SEC. 4883. — Toutes les patentes seront délivrées au nom des États-Unis, sous le sceau de l'Office des patentes; elles seront signées par le secrétaire de l'intérieur, contresignées par le commissaire des patentes, et seront enregistrées, avec les spécifications, à l'Office des patentes, dans des livres tenus pour cet objet.

SEC. 4884. — Toute patente (titre du brevet) doit porter un titre abrégé, ou description de l'invention ou découverte, indiquant exactement sa nature et son but, et l'expression d'une concession au patenté, à ses héritiers ou cessionnaires, pour dix-sept années, du droit exclusif de fabriquer, employer et vendre l'invention ou découverte dans toute l'étendue des États-Unis et territoires qui en dépendent, en renvoyant à la spécification pour les détails. Une copie de la spécification et des dessins sera annexée au titre de la patente et en fera partie.

Sec. 4885. — Une patente ne doit pas porter une date postérieure de plus de six mois à l'époque où elle a été accordée par un avis donné au postulant ou à son agent; et si la taxe finale n'est pas payée dans ce délai, la patente est retirée.

Sec. 4886. — Toute personne qui a inventé ou découvert quelque chose de nouveau et d'utile en fait d'*art, machine, procédé de fabrication, composition de substances*, ou un perfectionnement nouveau et utile, peut, en payant les taxes légales, et en remplissant les autres formalités, obtenir une patente pour cela, si l'objet en question n'est ni connu ni employé par d'autres dans le pays, et n'a été ni breveté ni décrit dans une publication imprimée, dans le pays ou à l'étranger, avant son invention ou découverte, et n'a pas été mis en usage ou en vente depuis plus de deux ans avant sa demande; à moins qu'on ne prouve qu'il y a eu abandon de l'invention similaire.

Sec. 4887. — Aucune personne ne sera privée du droit de patente pour son invention ou découverte, et aucun brevet ne sera invalidé, par la raison que l'objet aurait été déjà patenté dans un pays étranger, à moins qu'il n'ait été mis en usage aux Etats-Unis depuis plus de deux ans avant la demande; mais toute patente accordée pour une invention déjà brevetée à l'étranger, sera limitée à la durée du brevet étranger, ou à la durée *du plus court, s'il y en a plusieurs*, et dans aucun cas elle ne sera en vigueur plus de dix-sept ans.

Sec. 4888. — Avant que l'auteur d'une invention ou découverte reçoive une patente, il devra s'adresser, par écrit, au commissaire des patentes et déposer, au *Patent-Office*, une description écrite de l'invention, en expliquant la manière et les procédés employés pour la fabriquer, construire, composer, ainsi que pour s'en servir, et cela d'une façon assez complète, claire, *concise* et exacte pour que chacun puisse, s'il est versé dans l'art ou la science dont dépend, ou dont se rapproche le plus l'invention, pour la fabriquer, construire, composer et pour s'en servir; et s'il s'agit d'une machine, il devra en expliquer le principe, le meilleur mode d'après lequel il a eu en vue d'appliquer le principe, de manière à bien le distinguer des autres inventions ; en particulier, il devra indiquer et réclamer distinctement la partie de la machine, le perfectionnement, la combinaison qu'il revendique comme son invention ou découverte. La spécification et la revendication devront être signées par l'inventeur et certifiées par deux témoins.

Sec. 4889. — Si la nature de l'objet comporte des dessins, le postulant devra fournir un exemplaire signé par l'inventeur ou son mandataire, et certifié par deux témoins, lequel exemplaire sera déposé au *Patent-Office*; un exemplaire imprimé du dessin, fourni par le *Patent-Office*, sera joint à la patente comme faisant partie de la spécification.

Sec. 4890. — Si l'invention ou découverte est relative à une composition de substances, le postulant, si le commissaire le demande, fournira des spécimens, des ingrédients et de la composition, une quantité suffisante pour faire un essai.

Sec. 4891. — Dans tous les cas qui comportent la représentation de l'objet au moyen de modèles, le postulant, si le commissaire le demande, fournira un modèle suffisamment grand pour montrer avantageusement les différentes parties de l'invention ou découverte.

Sec. 4892. — Le postulant jurera qu'il croit véritablement être le premier et original inventeur de l'art, de la machine, du procédé, de la composition ou du perfectionnement pour lequel il sollicite une patente ; qu'il ne croit pas, et ne sait pas, que l'objet en question ait jamais été connu ou employé antérieurement ; il établira de quel pays il est citoyen. — Ce serment sera prêté dans l'intérieur des Etats-Unis devant toute personne autorisée à cet effet par la loi ; ou si le postulant réside à l'étranger, devant tout ministre, chargé d'affaires, consul, ou agent commercial, commissionné par le gouvernement des Etats-Unis, ou devant un notaire public du pays étranger où se trouve le postulant.

Sec. 4893. — Après le dépôt de toute demande ainsi conçue et le paiement des taxes exigées par la loi, le commissaire des patentes peut faire examiner l'invention ou découverte prétendue nouvelle ; et s'il résulte de cet examen que le postulant a de justes titres à recevoir une patente sous la garantie de la loi, et que l'objet de la demande est suffisamment utile et important, le commissaire accordera une patente.

SEC. 4894. — Toutes les demandes de patente seront complétées, et prêtes à être examinées, dans le délai de deux ans après le dépôt de ces demandes ; à défaut de cela, c'est-à-dire si le postulant néglige de poursuivre la demande dans le délai de deux ans, après une première démarche dont on a dû lui donner acte, toute demande sera considérée comme abandonnée, à moins qu'il soit démontré à la satisfaction du commissaire des patentes que ce retard était inévitable. (*Il est préférable, et c'est la règle suivie, de tout déposer au moment de la demande.*)

SEC. 4895. — Les patentes peuvent être accordées, expédiées ou réexpédiées, au cessionnaire de l'inventeur ; mais la cession doit *d'abord* être enregistrée au *Patent-Office*. Dans tous les cas de demande, faite par un cessionnaire, pour l'expédition d'une patente, la demande doit être rédigée et la spécification jurée par l'inventeur ; et dans tous les cas d'une demande de réexpédition d'une patente, la demande doit être rédigée par l'inventeur, et la spécification corrigée, signée par lui, s'il est vivant.

SEC. 4896. — Quand une personne ayant fait une nouvelle invention ou découverte, susceptible d'être patentée, meurt avant qu'on ait accordé la patente, le droit de la demander et de l'obtenir est dévolu à son exécuteur ou administrateur, pour le compte des héritiers légaux du décédé, s'il est mort intestat ; ou s'il a laissé un acte, pour disposer de l'invention, la demande est faite de la même manière et dans les mêmes termes et conditions où l'invention aurait été revendiquée et utilisée par lui pendant sa vie ; et quand la demande est faite par ces représentants légaux le serment ou l'affirmation requise peut varier de forme autant qu'il est possible.

SEC. 4897. — Toute personne qui est intéressée, soit comme inventeur, soit comme cessionnaire, dans une invention ou découverte pour laquelle on a donné ordre de délivrer une patente, moyennant paiement de la taxe finale, mais qui a négligé de l'acquitter dans le délai de six mois, à partir de la date à laquelle a été accordée la patente, suivant avis donné au postulant ou à son agent, aura le droit de faire une demande de patente, pour la même invention ou découverte que celle désignée dans la demande originale. Cette seconde demande devra être faite dans le délai de deux ans après la remise de la première. Aucune personne ne sera tenue à des dommages-intérêts pour la fabrication ou l'usage d'un article ou objet pour lequel il a été ordonné de délivrer une patente, par suite d'un renouvellement de demande, antérieurement à la délivrance de la patente. En ce qui concerne l'admission des nouvelles demandes, l'abandon sera considéré comme une question de fait.

Sec. 4898. — Toute patente, ou part d'intérêt y relative, pourra être cédée légalement par un acte écrit; et le patenté peut, ou ses cessionnaires ou représentants légaux peuvent, de la même manière, accorder et transmettre un droit exclusif sur la patente, pour toute l'étendue ou pour une partie désignée des Etats-Unis. Une cession, concession ou transmission sera considérée comme nulle vis-à-vis d'un acheteur ou créancier hypothécaire ultérieur, et cela sans aucun avis, à moins qu'elle n'ait été enregistrée au *Patent-Office* dans le délai de trois mois.

Sec. 4899. — Toute personne qui achète à un inventeur, ou qui fabrique, à la connaissance de cet inventeur, et avec son consentement, une machine nouvellement inventée ou découverte, ou autre objet patentable, avant toute demande de patente de la part de l'inventeur; ou qui vend ou emploie l'objet ainsi fabriqué, aura le droit d'utiliser et de vendre aux autres, pour leur usage, l'objet en question ainsi fabriqué ou acheté, et cela sans aucun risque.

Sec. 4900. — Tous les patentés, et leurs cessionnaires et représentants légaux, ainsi que les personnes qui vendent ou fabriquent pour le compte, ou avec la permission des précédents, un article patenté, devont faire connaître d'une manière suffisante au public que cet article est patenté, soit en mettant dessus le mot « patenté » avec le jour et l'année où la patente a été accordée; ou bien, si la nature de l'objet s'y oppose, en se servant d'une étiquette portant la même mention et qu'on fixera sur l'objet ou sur le colis qui en contient un ou plusieurs; en cas de procès pour contravention, intenté par les parties qui négligent de marquer leurs produits, aucuns dommages-intérêts ne seront accordés au plaignant, à moins qu'il ne soit prouvé que le défendeur a été dûment averti de la contravention, et qu'il a continué, après un tel avis, à fabriquer, employer ou vendre l'article ainsi patenté.

SEC. 4901. — Toute personne qui, d'une manière quelconque, met sur un objet fabriqué, employé ou vendu par elle, et pour lequel elle n'a pas de patente, le nom ou l'imitation du nom d'une personne patentée pour cet objet, sans le consentement de cette personne ou de ses cessionnaires ou représentants légaux; ou

Qui, d'une manière quelconque marque ou met sur cet objet patenté le mot « patente » ou le mot « patenté » ou les mots « lettres patentes » ou tout autre semblable, dans l'intention d'imiter ou de contrefaire la marque ou devise du patenté, sans licence ou permission de sa part ou de celle de ses cessionnaires ou représentants légaux; ou

Qui, d'une manière quelconque, marque ou met sur un objet *non patenté* le mot « patente » ou tout autre indiquant que l'objet est patenté, dans le but de tromper le public,

Sera passible, pour chaque délit de ce genre, d'une amende de cent dollars au moins, avec les frais; la moitié de ladite amende sera pour le demandeur et l'autre moitié pour le gouvernement des Etats-Unis, et sera recouvrée judiciairement dans la Cour de district des Etats-Unis dans la juridiction de laquelle a été commis le délit.

SEC. 4902. — Tout citoyen des Etats-Unis qui fait une nouvelle invention ou découverte, et qui désire plus de temps pour la mûrir, peut, en payant les taxes légales, déposer une notification (*caveat*) au *Patent-Office*, pour définir cette invention avec ses caractères distinctifs, et demander que son droit soit protégé jusqu'à ce qu'il ait mûri son invention. Cette notification sera déposée dans les archives confidentielles de l'*Office* et conservée en secret, et conservera son efficacité pendant un an à partir du dépôt ; si pendant cette année une demande est faite par une autre personne pour une patente incompatible, n'importe de quelle manière, avec cette notification, le commissaire déposera les description, spécification, dessins et modèles concernant cette demande dans les archives confidentielles de l'*Office*, et en donnera avis, par la poste, à la personne qui a déposé la notification. Si celle-ci désire profiter de sa notification, elle devra fournir ses description, spécification, dessins et modèles dans le délai de trois mois à partir de la remise de l'avis au bureau de poste de Washington, en ajoutant le délai ordinaire pour le transmettre à la personne susdite. Tout cela sera inscrit sur l'avis. L'étranger jouira du privilège ainsi concédé, s'il réside aux Etat-Unis depuis un an au moment du dépôt de sa notification, et s'il a certifié par serment son intention de se faire naturaliser.

DEUXIÈME PARTIE

DES PATENTES OU BREVETS D'INVENTION

SEC. 4903. — S'il arrive, après examen, qu'une demande de patente soit rejetée, le commissaire en avisera le postulant, en lui donnant brièvement les motifs du rejet, et en même temps les informations et renseignements d'usage au sujet de la convenance qu'il y aurait à renouveler sa demande ou à changer sa spécification : et si, après avoir reçu cet avis, le postulant persiste à demander une patente, avec ou sans changement dans les spécifications, le commissaire devra ordonner un nouvel examen de l'affaire.

SEC. 4904. — Si une demande est faite pour une patente qui, dans l'opinion du commissaire, serait en opposition avec une autre demande pendante, ou avec un brevet non expiré, le commissaire avisera les postulants, ou le postulant et le patenté, selon les cas, et ordonnera au premier examinateur de procéder à la détermination de la priorité de l'invention. Le commissaire peut délivrer une patente à la partie à laquelle est adjugée la priorité de l'invention, à moins que la partie adverse n'interjette appel de la décision du premier examinateur ou du bureau de l'examinateur en chef, selon les cas, dans un délai que l'examinateur prescrira, mais qui ne peut être de moins de vingt jours.

Sec. 4905. — Le commissaire des patentes peut établir des règles pour recevoir les affidavits (serments) et dépositions requises dans les cas pendants devant le *Patent-Office*, et ces affidavits et dépositions peuvent avoir lieu devant tout fonctionnaire autorisé par la loi, pour recevoir les dépositions usitées dans les Cours des Etats-Unis, ou de l'Etat où le fonctionnaire réside.

Sec. 4906. — Le clerc ou greffier de chaque Cour des Etats-Unis, pour chaque district ou territoire où il y a un témoignage à recevoir dans un cas litigieux pendant devant le *Patent-Office*, devra, à la demande d'une des parties, ou de son agent ou avocat, donner assignation à un témoin résidant ou se trouvant dans l'intérieur du district ou territoire, lui ordonnant de comparaître et de témoigner devant un fonctionnaire du district ou territoire, autorisé à recevoir les dépositions et affidavits, à la date et au lieu indiqués dans l'assignation. Mais aucun témoin ne devra être requis de se présenter dans un endroit éloigné de plus de quarante milles de celui où l'assignation a été signifiée.

Sec. 4907. — Tout témoin dûment assigné et se présentant, recevra la même indemnité que les témoins qui comparaissent devant les Cours des Etats-Unis.

Sec. 4908. — Si un témoin, à qui a été dûment signifiée une assignation de ce genre, néglige ou refuse de comparaître, ou refuse de témoigner une fois présent, le juge de la cour dont le clerc a expédié l'assignation peut, sur la preuve de cette négligence ou de ce refus, exiger obéissance ou punir la désobéissance, comme dans les autres cas semblables. Mais un témoin ne sera pas regardé comme coupable d'offense pour avoir désobéi à l'assignation, à moins que ses indemnités et dépenses de voyage pour aller et retour, un jour de présence au lieu d'examen, lui aient été payées ou offertes au moment de la signification de l'assignation ; il ne sera pas coupable non plus pour avoir refusé de révéler une invention ou découverte faite ou possédée par lui-même.

SEC. 4909. — Tout postulant pour une patente ou pour la réexpédition d'une patente, si une de ses demandes a été deux fois rejetée, peut, et de même chaque partie, dans le cas d'une interférence, peut aussi, faire appel de la décision du premier examinateur, ou de l'examinateur chargé des interférences, si c'est le cas, au bureau des examinateurs en chef, après avoir acquitté la taxe due pour l'appel.

SEC. 4910. — Si une des parties n'est pas satisfaite de la décision des examinateurs en chef, elle peut, en payant la taxe prescrite, en appeler au commissaire en personne.

SEC. 4911. — Si une partie, sauf dans le cas d'une interférence, n'est pas satisfaite de la décision du commissaire, elle peut en appeler à la Cour suprême du district de Colombie en séance plénière.

SEC. 4912. — Quand un appel est adressé à la Cour suprême du district de Colombie, l'appelant doit en aviser le commissaire, et déposer au *Patent-Office*, dans le délai fixé par le commissaire, ses motifs d'appel spécifiés par écrit.

SEC. 4913. — Avant de s'occuper d'un appel de ce genre, la Cour avisera le commissaire des lieu et date d'audience, et en recevant cet avis le commissaire avisera, de son côté, de ces lieu et date les parties intéressées, dans les conditions prescrites par la Cour. La partie qui a fait appel déposera devant la Cour des copies de tous les papiers originaux et des preuves relatives à l'affaire, et le commissaire fournira à la Cour les motifs de sa décision, exposés par écrit, concernant tous les points compris dans l'appel motivé. A la requête de toute partie intéressée, ou de la Cour, le commissaire et les examinateurs peuvent être invités à expliquer sous serment les principes sur lesquels repose l'objet de la demande de patente.

SEC. 4914. — La Cour, sur la demande qui lui en est faite, examinera et se prononcera sur cet appel, révisera sommairement la décision dont il a été appelé d'après les preuves produites devant le commissaire, dans le délai le plus court et le plus convenable que l'on pourra fixer ; la révision se bornera aux points indiqués dans les motifs d'appel. Après avoir entendu l'affaire, la Cour renverra au commissaire un certificat de sa procédure et de sa décision, qui sera enregistré au *Patent-Office*, et qui servira de base à toute procédure ultérieure relative à cette affaire. Mais aucune opinion ou décision de la Cour, dans un tel cas, n'empêchera les personnes intéressées de contester la validité de la patente devant toute Cour où elle serait remise en question.

Sec. 4915. — Si une patente est refusée, après dépôt de la demande, soit par le commissaire, soit par la suprême Cour du district de Colombie, sur appel interjeté de la décision du commissaire, le postulant peut avoir recours à un *bill in equity* ; la Cour qui en est saisie, sur avis donné aux parties adverses, et toutes formalités étant remplies, peut décider que le postulant a le droit, conformément à la loi, de recevoir une patente pour son invention, telle qu'elle est spécifiée dans sa demande, ou pour toute partie de son invention, d'après les faits relatifs à l'affaire. Cette sentence, si elle est en faveur du droit du postulant, autorisera le commissaire à délivrer la patente, après dépôt fait par le postulant d'une copie de la sentence au *Patent-Office*, et l'accomplissement des autres formalités légales. Dans tous les cas, où il n'y a pas de partie opposante, une copie du bill sera donnée au commissaire, et tous les frais du procès seront payés par le postulant, que la décision finale soit ou non en sa faveur.

Sec. 4916. — Si une patente est inefficace ou nulle, par suite d'une spécification défectueuse ou insuffisante, ou par la raison que le patenté revendique comme sa propre invention ou découverte plus que ce qu'il a droit de revendiquer comme étant nouveau, si l'erreur a été commise par inadvertance, accident ou méprise, et sans aucune intention de fraude ou de tromperie, le commissaire devra, après retrait de la patente et acquittement de la taxe légale, délivrer une nouvelle patente au patenté pour la même invention, en concordance avec la spécification rectifiée; et en cas de mort, ou de cession de la totalité ou d'une partie indivise de la patente originale, la nouvelle patente sera délivrée aux exécuteurs, administrateurs ou cessionnaires du patenté, pour la partie non encore expirée de la durée de la patente originale. Ce retrait aura son effet lors de la délivrance de la patente rectifiée. Le commissaire peut, s'il le juge à propos, faire délivrer différentes patentes pour des parties distinctes et séparées de l'objet patenté, sur la demande du postulant, et sur paiement de la taxe de réexpédition (reconstitution) pour chacune des lettres patentes reconstituées. Les spécifications et revendications, dans chaque cas semblable, seront soumises aux mêmes révisions et restrictions que les demandes originales. Toute patente ainsi reconstituée aura, en même temps que la spécification rectifiée, le même effet légal, dans toutes les actions intentées *ultérieurement*, que si elle avait été originairement donnée dans la forme ainsi corrigée ; mais on ne devra introduire aucune matière nouvelle dans la spécification, et, s'il s'agit d'une machine, les modèles ou dessins ne seront pas corrigés, excepté l'un par l'autre ; s'il n'y a ni modèles ni dessins, on peut faire des corrections en prouvant d'une manière satisfaisante au commissaire que cette addition ou correction faisait partie de l'invention première, et avait été omise dans la spécification, par inadvertance, accident ou méprise, comme on l'a dit plus haut.

Sec. 4917. — Si par inadvertance, accident ou méprise, et sans aucune intention de fraude ou de tromperie, un patenté a revendiqué plus que ce qu'il a le premier inventé ou découvert, sa patente sera valable pour toute la partie qui lui appartient véritablement et à juste titre, pourvu que ce soit une partie matérielle ou substantielle de l'objet patenté ; alors le patenté, ses héritiers ou cessionnaires, intéressés pour tout ou partie, peuvent, en payant la taxe légale, désavouer (retrancher) telle ou telle portion de l'objet patenté qu'ils renonceront à revendiquer ou à maintenir en vertu de la patente ou de la cession, en bornant de cette façon leurs intérêts dans la patente. Ce désaveu (*disclaimer*) sera fait par écrit, certifié par un ou plusieurs témoins, et enregistré au *Patent-*

Office ; il sera dorénavant considéré comme faisant partie de la spécification originale fixant l'étendue des droits du demandeur et de ses ayants-droit, après l'enregistrement. Ce désaveu n'influera en rien sur une action qui serait pendante au moment où il se produit, excepté s'il résultait d'une négligence ou d'un retard injustifiables dans la remise du désaveu.

Sec. 4918. — S'il y a des patentes interférentes (qui sont en opposition), toute personne intéressée dans l'une ou l'autre, ou dans la fabrication de l'invention revendiquée par l'une ou l'autre de ces patentes, peut avoir recours contre le patenté en interférence et toutes les parties auxquelles il a transmis ses droits, au moyen d'un procès *in equity* intenté aux propriétaires de la patente en interférence ; la Cour, après avis adressé aux parties adverses, et après l'accomplissement des autres formalités requises, peut juger et déclarer l'une ou l'autre des patentes nulle en tout ou partie, ou inefficace, ou nulle dans certaines parties seulement des Etats-Unis, suivant l'intérêt des parties, dans la patente ou invention patentée. Ce jugement ou sentence n'affectera en rien les droits des tiers, en dehors des parties, relativement au procès et aux titres qui en dérivent, après que le jugement a été rendu.

Sec. 4919. — Des dommages-intérêts, pour contravention relative à une patente, peuvent être obtenus au moyen d'une action intentée au nom de la partie intéressée, soit comme patenté, cessionnaire ou concessionnaire. Dans le cas d'une action de ce genre, si un verdict est rendu en faveur du plaignant, la Cour peut, par jugement, fixer une somme supérieure à celle que le verdict a désignée pour les dommages-intérêts, vu les circonstances spéciales de l'affaire, sans que cette somme puisse dépasser trois fois le montant de celle désignée par le verdict, frais compris.

Sec. 4920. — Dans une action en contravention, le défendeur peut plaider la question générale, et après avoir donné avis, par écrit, au plaignant où à son avocat, trente jours d'avance, il est admis à fournir la preuve, aux débats, dans un ou plusieurs des cas spéciaux suivants :

Premièrement : Si, dans le but de tromper le public, la description et la spécification fournies par le patenté au *Patent-Office* ont été faites de façon à ne pas contenir toute la vérité au sujet de son invention ou découverte, ou contiennent plus que le nécessaire pour produire l'effet désiré ; ou,

Deuxièmement : S'il a obtenu subrepticement, ou sans droit, une patente pour un objet réellement inventé par une autre personne qui mettait une diligence raisonnable à l'établir et à le perfectionner ; ou,

Troisièmement : Si l'objet a été déjà patenté, ou décrit dans une publication imprimée, avant sa prétendue invention ou découverte ; ou,

Quatrièmement : Si le patenté n'était pas l'original et premier inventeur de quelque partie intégrante de l'objet patenté ; ou

Cinquièmement : Si l'objet a été mis en usage public ou vendu depuis plus de deux ans avant la demande de patente, ou a été abandonné au public.

Dans les mémoires qu'il présentera pour prouver l'invention antérieure, la notoriété ou l'emploi de l'objet patenté, le défendeur établira les noms des patentés et les dates de leurs patentes, ainsi que les dates d'expédition, les noms et résidences des personnes qu'il prétend avoir inventé, ou avoir connu, antérieurement l'objet inventé ; et il établira aussi où et par qui l'objet a été employé ; si une ou plusieurs des allégations du défendeur est trouvée être en sa faveur, on pourra rendre un jugement pour lui avec les frais. Les mêmes choses pourront être plaidées dans tout procès, en réparation d'une contravention ou contrefaçon prétendue ; ces mêmes preuves pourront être données de la même manière, dans la réponse du défendeur, et avec le même effet.

Sec. 4921. — Les différentes cours investies de la juridiction des cas relatifs à la loi des patentes auront pouvoir de donner des injonctions conformément à la procédure et aux principes des cours de justice, pour prévenir la violation des droits assurés par une patente, dans les conditions que la cour pourra juger raisonnables ; si un arrêt est rendu en cas de contrefaçon, le plaignant aura le droit de recouvrer, en sus des bénéfices dont doit rendre compte le défendeur, les dommages-intérêts que le plaignant a demandés; la Cour taxera, ou fera taxer le défendeur, sous sa direction. Elle aura le pouvoir d'augmenter les dommages-intérêts à sa discrétion, de même qu'elle peut augmenter les dommages-intérêts fixés par verdict quand il s'agit d'actions analogues aux actions en matière d'infraction.

Sec. 4922. — Si par inadvertance, accident ou méprise et sans aucune faute volontaire ou intention de frauder ou tromper le public, un patenté a, dans sa spécification, revendiqué être le premier et original inventeur de quelque partie matérielle ou substantielle de l'objet patenté, sans en être réellement le *premier* et original inventeur, lui, et ses exécuteurs, administrateurs et cessionnaires, intéressés dans la totalité ou dans une partie de la patente, peuvent intenter un procès ou une action en justice, pour toute infraction relative à toute partie qu'ils ont établi de bonne foi leur appartenir, si c'est une partie matérielle et substantielle de l'objet patenté, pouvant se distinguer clairement de celles revendiquées sans droit, quoique les spécifications puissent contenir plus que ce que le patenté a réellement inventé ou découvert le premier. — Dans tous les cas où un jugement ou arrêt sera rendu en faveur du plaignant, il n'y aura pas de frais à recouvrer, à moins que celui qui a produit le *désaveu* ou retranchement (*disclaimer*) ait été inscrit au *Patent-Office* avant le commencement du procès; mais aucun patenté ne sera admis aux bénéfices conférés par ce paragraphe s'il a déraisonnablement négligé ou différé d'introduire un désaveu.

Sec. 4923. — S'il arrive qu'une personne patentée, au moment de faire sa demande de patente, croit être le premier et original inventeur de l'objet patenté, la patente ne sera pas tenue pour nulle par le motif que l'invention ou découverte, ou une partie de cette invention, aura été connue ou employée à l'étranger antérieurement, si elle n'a pas été déjà patentée, ou décrite dans une publication imprimée.

Sec. 4924. (Les cinq paragraphes qui suivent n'ont plus, maintenant, aucun intérêt.) — Si l'auteur patenté d'une invention ou découverte a obtenu sa patente avant le 2 mars 1861, et désire étendre la durée de sa patente au-delà du terme primitif, il en fera la demande par écrit au commissaire des patentes, en indiquant pour quels motifs devrait être accordée cette prolongation; il fournira aussi, par écrit et sous serment, un relevé de la valeur constatée de l'invention ou découverte, des recettes et dépenses y relatives, avec assez de détails pour présenter un compte vrai et fidèle des profits et pertes qui proviennent de cette invention ou découverte. Cette demande sera déposée six mois au plus et quatre vingt-dix-jours au moins avant l'expiration du terme primitif de la patente, et aucune prolongation ne sera accordée après l'expiration du terme primitif.

Sec. 4925. — A la réception d'une demande de ce genre, et après le paiement des taxes légales, le commissaire fera publier dans un journal de la ville de Washington et dans telles autres feuilles publiées dans la partie du pays qui pourra paraître la plus intéressée à s'opposer à la prolongation de la patente, au moins soixante jours avant le jour fixé pour entendre l'affaire, un avis de la demande, en indiquant où et quand on pourra être admis à se présenter et à donner les raisons qui pourraient empêcher d'accorder la prolongation.

Sec. 4926. — Sur la publication de l'avis d'une demande de prolongation, le commissaire fera examiner l'affaire par l'examinateur principal chargé de la classe d'invention à laquelle elle appartient; celui-ci fera au commissaire un rapport complet, établissant en particulier si l'invention ou découverte était nouvelle et susceptible d'être patentée quand la patente originale a été concédée.

Sec. 4927. — Le commissaire devra, aux lieu et date indiqués dans l'avis public, examiner et décider quant aux preuves produites pour et contre la prolongation; et s'il est prouvé à la satisfaction du commissaire que le patenté, sans négligence ou faute de sa part, n'a pas obtenu de l'emploi et de la vente de son invention ou découverte une rémunération raisonnable pour le temps, l'habileté et les dépenses qu'elle représente, pour elle-même et pour son introduction dans l'usage public, si par suite il paraît juste et convenable, en ayant égard à l'intérêt public, que la durée de la patente soit prolongée, le commissaire délivrera un certificat renouvelant et prolongeant la patente pour sept ans à partir de l'expiration du terme primitif. Ce certificat sera enregistré au *Patent-Office* ; la patente ainsi prolongée aura le même effet légal que si elle avait été primitivement accordée pour *21 ans*.

Sec. 4928. — Le bénéfice de la prolongation d'une patente s'étendra aux cessionnaires et concessionnaires du droit de se servir de l'objet patenté, et à la totalité de leurs intérêts.

Patentes pour Dessins, Motifs d'ornements, Modèles, etc.

Sec. 4929. — Toute personne qui par sa propre industrie, son intelligence, ses efforts et ses dépenses, a inventé et produit un *motif* nouveau et original pour un objet manufacturé, un buste, une statue, un haut-relief ou un bas-relief; un motif nouveau et original pour impressions sur laine, soie, coton et autres produits fabriqués ; une impression neuve et originale, un ornement, un patron, une gravure, ou une image destinée à être gravée, peinte, fondue, ou reproduite de toute autre manière *sur* ou *par* un objet fabriqué ; une forme nouvelle, utile et originale pour un article manufacturé, le tout n'ayant pas été connu ou employé par d'autres avant son invention ou production, ni patenté ou décrit dans une publication imprimée, peut obtenir une patente, en acquittant la taxe prescrite, et en remplissant les autres formalités usitées pour les inventions ou découvertes.

Sec. 4930. — Le commissaire peut dispenser de fournir les modèles des *motifs*, quand ceux-ci peuvent être suffisamment représentés par des dessins ou photographies.

Sec. 4931. — On peut accorder des patentes pour *motifs* pour trois ans et demi, sept ans ou quatorze ans, au choix du postulant indiqué dans sa demande.

Sec. 4932. — Les patentés auxquels on a délivré des patentes, pour motifs, avant le 2 mars 1861, seront admis à obtenir des prolongations de sept ans, de la même manière et avec les mêmes restrictions que quand il s'agit de patentes pour inventions ou découvertes accordées avant le 2 mars 1861.

Sec. 4933. — Toutes les règles et précautions qui s'appliquent à l'obtention et à la protection des patentes pour inventions et découvertes et qui ne sont pas en contradiction avec les indications de ce chapitre s'appliquent aussi aux patentes pour *motifs* ou modèles de fabrique et d'art.

TAXES

Sec. 4934. — Les taxes en matière de patentes seront fixées comme suit :

Lors du dépôt d'une demande originale de patente, 15 dollars, excepté s'il s'agit de *motifs* ou modèles de fabrique et d'art.

Lors de la délivrance d'une patente originale, sauf dans le cas de celle pour *motifs*, 20 dollars.

Dans le cas de patente pour *motifs* : Pour trois ans et demi, 10 dollars ; pour sept ans, 15 dollars ; pour quatorze ans, 30 dollars.

Dépôt d'une opposition, 10 dollars.

Demande de réexpédition ou reconstitution (*re-issue*) d'une patente, 30 dollars.

Dépôt d'un désaveu (*disclaimer*), 10 dollars.

Demande de prolongation de patente, 50 dollars.

Délivrance d'une prolongation de patente, 50 dollars.

Appel, pour la première fois, de l'examinateur primaire aux examinateurs en chef, 10 dollars.

Appel des examinateurs en chef au commissaire, 20 dollars.

Copies certifiées de patentes et autres pièces, y compris les copies imprimées certifiées, 10 cents pour cent mots.

Enregistrement de toute cession, accord, pouvoir d'avocat (d'attorney) ou autre pièce, de trois cents mots ou au-dessous, un dollar ; de trois cents à mille mots, 2 dollars, et au-dessus de mille mots, 3 dollars.

Pour copies de dessins, le prix d'exécution calculé raisonnablement.

Sec. 4935. — Les taxes de patentes peuvent être payées au commissaire des patentes, au trésorier ou à un des trésoriers assistants des Etats-Unis, où à un des dépositaires désignés, banques nationales, receveurs publics, désignés par le secrétaire du Trésor pour cet objet; et le fonctionnaire en question donnera au déposant un reçu ou un certificat de son dépôt. Toute somme reçue par le *Patent-Office*, pour un motif quelconque, ou d'une provenance quelconque, sera payée au Trésor telle qu'elle a été encaissée, sans aucune déduction.

Le Trésorier des Etats-Unis est autorisé à rembourser une somme à toute personne qui l'aurait versée par erreur au Trésor ou chez un receveur ou dépositaire, au crédit du Trésor, comme pour les taxes dues au *Patent-Office*, sur certificat envoyé au Trésorier par le commissaire des patentes.

Sec. 4937. — Toute personne, ou maison de commerce, domiciliée aux Etats-Unis, de même que toute corporation créée par l'autorité des Etats-Unis, ou de tout autre Etat ou territoire qui en fait partie, et toute personne, maison ou corporation, résidant ou établie dans un pays étranger qui accorde, par traité ou convention, les mêmes privilèges aux citoyens des Etat-Unis, et ayant droit à l'usage exclusif d'une marque de fabrique légale, si elle a l'intention d'adopter et d'employer une marque de fabrique pour son usage exclusif aux Etats-Unis, peut obtenir protection, pour cette marque légale, en se soumettant aux formalités suivantes :

Premièrement : En faisant enregistrer au *Patent-Office* un exposé spécifiant : les noms des parties qui désirent la protection d'une marque et leurs domiciles, ainsi que les endroits où sont situés leurs établissements ; le genre de marchandises dont il s'agit, avec la description particulière des objets qui y sont compris, et auxquels on a appliqué, ou l'on veut appliquer, la marque de fabrique ; une description de la marque elle-même, avec un facsimile montrant la manière dont elle a été placée et employée, ou dont on veut la placer et l'employer ; enfin, s'il y a lieu, le temps pendant lequel la marque a été employée.

Deuxièmement : En payant une taxe de 25 dollars de la même façon et dans le même but que pour une patente.

Troisièmement : En se soumettant aux formalités qui pourront être prescrites par le commissaire des patentes.

Sec. 4938. — Le certificat exigé par la section précédente, pour créer un droit en faveur du déposant, doit être accompagné d'une déclaration écrite, certifiée par ce déposant, ou par un membre de la maison de commerce, ou un fonctionnaire de la corporation, ayant opéré le dépôt, afin d'établir que la partie qui réclame protection, pour la marque de fabrique, a le droit de s'en servir, et qu'aucune autre personne, maison de commerce ou corporation n'a ce même droit, soit sous la même forme, soit sous une forme analogue dans le but de tromper le public ; afin d'établir encore que la description et les fac-simile présentés à l'enregistrement sont des copies véritables de la marque de fabrique à protéger.

Sec. 4939. — Le commissaire des patentes ne recevra et n'enregistrera aucune marque de fabrique qui n'aurait pas, et ne pourrait acquérir, le caractère légal ; ou qui consisterait simplement dans le nom d'une personne, maison de commerce ou corporation, sans adjonction d'un signe suffisant pour distinguer ce même nom employé par d'autres ; ou qui serait identique à une autre marque appliquée au même genre de marchandises et appartenant à un autre propriétaire, et déjà enregistrée ou admise pour l'enregistrement ; ou enfin qui ressemblerait tellement à cette marque qu'il serait probable qu'on a voulu tromper le public. Mais ce qui est dit dans cette section n'empêchera pas l'enregistrement d'une marque légale et légitimement en usage au 8 juillet 1870.

TROISIÈME PARTIE

DES MARQUES DE FABRIQUE

Sec. 4940. — La date de réception d'une marque de fabrique au *Patent-Office* pour l'enregistrement sera notée et enregistrée. Des copies de la marque et de sa date de réception, ainsi que de l'exposé présenté en même temps, avec le sceau du *Patent-Office*, et certifiées par le commissaire, serviront de preuve dans toute action judiciaire engagée relativement à la marque.

Sec. 4941. — Une marque de fabrique enregistrée comme on l'a prescrit ci-dessus, sera valable pour trente ans à partir de la date d'enregistrement, excepté dans le cas où elle est réclamée et employée pour des articles non fabriqués dans le pays et avec la protection d'une législation étrangère pour une durée plus courte ; dans ce cas, elle cessera d'être valable dans le pays à l'époque où son effet devient nul à l'étranger. Pendant toute la période où elle sera valable, toute marque de fabrique autorisera la personne, maison de commerce, ou corporation, qui l'a fait enregistrer, à s'en servir exclusivement pour tout ce qui concerne l'espèce d'articles auxquels elle s'applique d'après l'exposé présenté sous serment, comme on l'a dit plus haut ; et aucune autre personne ne pourra légalement se servir de cette même marque, pour les mêmes articles, soit sous la même forme, soit sous une forme assez analogue pour avoir été calculée en vue de tromper le public. A toute époque, pendant les six mois qui précèdent l'expiration du terme de trente ans, on peut faire une demande pour que l'enregistrement soit renouvelé, sous les formalités prescrites par le commissaire des patentes. La taxe pour un renouvellement sera la même que pour l'enregistrement original ; on délivrera pour le renouvellement un certificat comme pour l'enregistrement original, et la marque de fabrique restera en vigueur pour une nouvelle durée de trente années.

Sec. 4942. — Toute personne qui reproduira, contrefera, copiera ou imitera une marque enregistrée pour l'appliquer à des objets ayant les mêmes qualités et propriétés que ceux auquels se rapporte l'enregistrement sera passible d'une action en dommages-intérêts intenté par le propriétaire, pour l'usage frauduleux de la marque, et la partie lésée pourra, suivant les règles judiciaires, s'opposer à cet usage frauduleux et obtenir une indemnité devant la Cour qui a juridiction sur le coupable.

Sec. 4943. — Les prescriptions du chapitre qui précède ne s'appliquent pas à une action intentée par une personne réclamant le droit exclusif à une marque de fabrique employée ou revendiquée pour une affaire illégale, ou pour un article nuisible ; elles ne s'appliquent pas non plus, si la marque a été obtenue frauduleusement, ou si elle a été composée et employée avec l'intention de tromper le public dans l'achat ou l'usage d'un objet.

Sec. 4944. — Toute personne qui fera enregistrer une marque de fabrique, de lui-même, comme en étant le propriétaire ; ou qui fera faire une inscription relative à une marque au *Patent-Office*, au moyen d'explications ou de déclarations, fausses ou frauduleuses, verbales ou écrites, ou de toute autre manière ; sera passible de dommages-intérêts, par suite de cet enregistrement ou inscription, en faveur de la partie lésée, lesquels seront recouvrés par voie judiciaire.

Sec. 4945. — Rien, dans le chapitre précédent, ne peut prévenir, amoindrir, empêcher ou annuler une action en justice qu'une partie lésée, par un usage illégal d'une marque, pourrait avoir intentée, malgré la non observation des prescriptions de ce chapitre.

Rien, dans ce même chapitre, ne sera commenté par une Cour de justice comme pouvant abréger, ou affecter défavorablement, d'une manière quelconque, la demande d'une personne pour une marque de fabrique, après l'expiration du terme pour lequel elle a été enregistrée.

Sec. 4947. — Le commissaire des patentes est autorisé à établir des règles, règlements, et à prescrire des formalités, pour le transfert du droit d'employer une marque de fabrique, en suivant d'aussi près que possible les exigences de la loi relativement au transfert et à la transmission des droits d'auteur.

Amendement à la Loi relative aux Patentes, Marques de fabrique et Droits d'auteur.

Il est arrêté par le Sénat et la Chambre des représentants des Etats-Unis d'Amérique, assemblés en Congrès,

Nul ne soutiendra une action, pour infraction à ses droits d'auteur, s'il n'en a donné avis par une insertion dans chaque exemplaire de chaque édition publiée, sur la page qui porte le titre ou sur la page suivante, si c'est un livre ; s'il s'agit d'une carte géographique, ou carte marine, composition musicale, estampe, gravure, photographie, peinture, dessin, chromolithographie, statue, sculpture, modèle ou motif destiné à être perfectionné et achevé comme un ouvrage d'art, il faudra mettre à un endroit visible de l'objet, ou de la monture, les mots suivants : Présenté à l'enregistrement, suivant acte du Congrès, dans l'année 18..., par A. B., au bureau du bibliothécaire du Congrès, à Washington ; ou bien, à son choix, le mot : *Droit d'auteur*, avec l'année de l'enregistrement, et le nom de la partie intéressée, de la manière suivante : *Droit d'auteur*, 18..., par A. B.

Sec. 2. — Dans le cas d'enregistrement et certificat de d'un acte écrit pour cession de droit d'auteur, le bibliothécaire du Congrès recevra des personnes, à qui le service est rendu, un dollar ; pour toute copie de l'acte de cession, un dollar ; la dite taxe servant à couvrir, dans chaque cas, les frais de certificat d'enregistrement, sous le sceau du bibliothécaire du Congrès ; les taxes ainsi perçues seront payées au Trésor des Etats-Unis.

Sec. 3. — Dans la rédaction de cet acte, les mots « estampe, gravure, impression », s'appliqueront seulement aux illustrations pittoresques ou ouvrages ayant rapport aux beaux arts ; les impressions ou étiquettes destinées à tout autre objet fabriqué seront inscrites suivant la loi sur les droits d'auteur, mais pourront être enregistrées au *Patent-Office*. Le commissaire des patentes est de cette façon chargé de la surveillance et du contrôle de l'inscription ou de l'enregistrement de ces impressions ou étiquettes, conformément aux formalités prescrites par la loi pour les droits d'auteur en matière d'impression, sauf que l'on paiera, pour l'enregistrement du titre de toute impression ou étiquette non assimilable à une marque de fabrique, six dollars, qui couvriront les frais de copie de l'enregistrement sous le sceau du commissaire des patentes, copie délivrée à la partie intéressée.

Sec. 4. — Toutes les lois, ou portions de lois, en contradiction avec les dispositions précédentes sont et demeurent abrogées.

Sec. 5. — Cet acte aura son plein effet à partir du 1er août 1874, et y compris ce jour.

Approuvé le 18 juin 1874.

Prescriptions abrogées.

Sept sections, datées du 22 juin 1874, se rapportent aux prescriptions abrogées ; nous ne les relatons pas, parce qu'elles n'offrent aucun intérêt, en ce qu'elles se rapportent aux actions commencées avant l'adoption des *Statuts révisés des Etats-Unis,* dont l'arrangement et la classification n'ont été faits d'ailleurs pour réaliser seulement une disposition plus convenable et plus méthodique, et dont il ne faudrait tirer aucune induction de disposition législative.

Acte pour punir les contrefacteurs des objets revêtus d'une marque de fabrique, ainsi que la vente ou le commerce de ces objets.

Décidé par le Sénat et la Chambre des représentants des Etats-Unis d'Amérique assemblés en congrès :

Sec. 1. — Toute personne qui, dans un but de fraude, s'occupera du trafic ou de la vente, ou de la mise en vente, ou qui causera ou procurera la vente de marchandises ayant en principe les mêmes propriétés que celles mentionnées dans l'enregistrement d'une marque de fabrique, conformément aux statuts des Etats-Unis, marchandises portant par fraude, directement ou sur leur enveloppe, ladite marque de fabrique, ou quelque imitation spécieuse, de façon à tromper le public, sachant que ces marchandises sont contrefaites et ne sont pas celles mentionnées dans ledit enregistrement, sera punie, si elle est convaincue de ce délit, d'une amende ne dépassant pas mille dollars, ou d'un emprisonnement de deux ans au plus, ou de l'amende et de l'emprisonnement à la fois.

Sec. 2. — Toute personne qui applique frauduleusement, ou qui fait appliquer frauduleusement une marque de fabrique enregistrée conformément aux statuts des Etats-Unis, ou quelque imitation spécieuse, dans le but de tromper le public, à des marchandises ayant en substance les mêmes propriétés que celles mentionnées dans l'acte d'enregistrement, ou à l'enveloppe où ces marchandises sont placées sachant qu'elles sont contrefaites, et que ce ne sont pas celles désignées dans ledit enregistrement, sera, si elle est convaincue de ce délit, punie comme il est dit dans la section I.

Sec. 3. — Toute personne qui remplit ou fait remplir frauduleusement des colis portant une marque de fabrique enregistrée conformément aux statuts des Etats-Unis, ou quelque imitation spécieuse, dans le but de tromper le public, avec des marchandises ayant en substance les mêmes propriétés que celle mentionnées, dans l'enregistrement, sachant qu'elles sont contrefaites et que ce ne sont pas celles désignées dans ledit enregistrement, sera, si elle est convaincue de ce délit, punie comme il est dit dans la section I.

Sec. 4. — Toute personne ou toutes personnes, qui, dans l'intention de tromper une ou plusieurs personnes, sciemment et volontairement, fonderont, graveront ou fabriqueront, ou auront en leur possession, achèteront, vendront, mettront en vente un ou plusieurs coins, planches, fer à marquer, gravures sur bois, pierre, métal ou autre substance, moules, ou quelque fausses reproduction, imitation, copie ou contrefaçon spécieuse, d'un coin, planche, fer à marquer, gravure ou un modèle quelconque concernant une étiquette particulière, une marque à chaud, une empreinte, une enveloppe, une gravure sur papier ou autre substance, une marque de fabrique enregistrés, conformément aux statuts des Etats-Unis, seront, si elles sont convaincues de ces délits, punies comme il est dit dans la première section.

Sec. 5. — Toute personue ou toutes personnes qui, dans l'intention de tromper une ou plusieurs personnes, sciemment et volontairement feront, imiteront, ou contreferont, auront en leur possession, achèteront, vendront mettront en vente une reproduction, imitation, ressemblance, copie ou contrefaçon spécieuse d'une étiquette particulière, marque à chaud, empreinte, enveloppe, gravure, modèle ou marque de fabrique, enregistrés conformément aux statuts des Etats-Unis, seront, si elles sont convaincues de ces délits, punies comme il est dit dans la première section.

Sec. 6. — Toute personne qui, dans l'intention de tromper le propriétaire d'une marque de fabrique, ou de lui nuire, soit à lui, soit à toute autre personne légalement autorisée à employer ou défendre cette marque, achètera, vendra, mettra en vente, ou aura en sa possession une boîte ayant servi, ou vide, une enveloppe, couverture, caisse, bouteille ou autre emballage portant la marque, enregistrée conformément aux statuts des Etats-Unis, de telle sorte qu'elle puisse être oblitérée sans nuire à la boîte ou autre objet désigné ci-dessus, sera, dans le cas où la marque n'aura pas été assez effacée, grattée, oblitérée et détruite pour prévenir tout usage frauduleux, et, si le délit est constaté, punie comme il est dit dans la première section.

Sec. 7. — Si le propriétaire d'une marque de fabrique, enregistrée conformément aux statuts des Etats-unis, ou son agent, jure par écrit qu'il a des motifs pour croire, et qu'il croit, que des contrefaçons de coins, planches, fers, gravures sur bois, pierre, métal ou autre substance ou modèles de sa marque enregistrée, sont dans la possession d'une personne qui a l'intention de s'en servir dans un but de tromperie ou de fraude, s'il jure que des contrefaçons ou imitations spécieuses de ses marques de fabrique, étiquette, fer à marquer, empreinte, enveloppe, gravures sur papier ou autre substance, ou quelque boîte vide, enveloppe, couverture, caisse, bouteille ou autre emballage portant ladite marque de fabrique enregistrée sans qu'elle ait été assez effacée, grattée, oblitérée, détruite pour prévenir tout usage frauduleux, sont dans la possession d'une personne qui a l'intention de s'en servir dans un but de tromperie ou de fraude, alors les différents juges des Cours de circonscription de district des Etats-Unis, ainsi que les commissaires de circonscription, peuvent, dans les limites de leurs juridictions respectives, procéder en vertu de la loi relative aux mandats de perquisition, et délivrer un mandat autorisant le maréchal des Etats-Unis pour le district en question à faire une perquisition et à saisir les dites contrefaçons de coins, planches, fers à marquer, gravures sur bois, pierre, métal ou autre substance, modèles, les contrefaçons de marques de fabrique, les imitations spécieuses de ces marques, les étiquettes, fers, empreintes, enveloppes, gravures sur papier ou autre substance, les boîtes vides, les enveloppes, couvertures, caisses, bouteilles ou autres emballages qui pourraient être trouvés ; et s'il est prouvé d'une manière satisfaisante que les dites contrefaçons de coins, planches, fers à marquer, gravures sur bois, pierre, métal ou autre substance, modèles, contrefaçons de marques de fabrique ou imitations spécieuses de ces marques, étiquettes, fers, empreintes, enveloppes, gravures sur papier ou autre substance, boîtes vides, enveloppes, couvertures, caisses, bouteilles ou autres emballages, ont été employés, par le détenteur ou propriétaire, dans un but de tromperie ou de fraude, chacun des juges susdits aura plein pouvoir de faire détruire publiquement les dites contrefaçons de coins, planches, fers à marquer, gravures sur bois, pierre, métal ou autre substance, modèles, contrefaçons de marques de fabrique ou imitations spécieuses de ces marques, étiquettes, fers, empreintes, enveloppes, gravures sur papier ou autre substance, boîtes vides, enveloppes, couvertures, caisses, bouteilles ou autres emballages.

Sec. 8.— Toute personne qui, dans l'intention de tromper une ou plusieurs personnes, sciemment et volontairement, aidera ou provoquera à la violation d'une des prescriptions du présent acte sera, si la preuve convaincue en est faite, punie d'une amende de 500 dollars au plus, ou d'un emprisonnement d'une année au plus ou de l'amende et de l'emprisonnement à la fois.

Approuvé, le 14 août 1876.

On voit que les formalités qu'il faut accomplir pour l'obtention d'une patente américaine, sont compliquées et délicates.

L'inventeur étranger doit tout d'abord se présenter devant un Consul américain, pour y prêter serment de véritable inventeur et signer devant lui.

Formalité bien inutile :

Sur ce serment [*oath*] il faut déclarer quels sont les brevets qui ont déjà été demandés en d'autres pays.

L'inventeur doit se rappeler à ce sujet, que la patente américaine expire avec celui des brevets étrangers qui a la durée la plus courte.

Il serait plus équitable que la patente américaine ne dépendît que du brevet d'origine, mais, comme on le voit, il n'en est pas ainsi, et ce point doit éveiller l'attention des inventeurs qui prennent divers brevets en pays étrangers. Les États-Unis accordent bien, à l'inventeur, la faculté précieuse d'attendre deux ans pour demander sa patente; mais outre que ces deux années sont perdues dans la durée totale, l'inventeur s'expose à raccourcir encore plus cette durée en prenant d'abord d'autres brevets étrangers, par exemple un brevet russe de 3, 5 ou 10 ans.

Le *Patent-Office* a édité de nombreuses règles pour la rédaction de la description et pour la confection des dessins qui doivent être exécutés en noir, sur bristol blanc, au format total de 380 de haut sur 254 de large, avec une marge de 25 mill. en laissant à l'intérieur du cadre, en haut, la place pour le titre, en bas celle pour les signatures.

On a fait l'éloge de l'*examen préalable* en montrant la progression et le nombre des patentes demandées et obtenues aux Etats-Unis depuis 1842.

La vérité est que l'examen préalable pèse moins sur les regnicoles que sur les étrangers, et que, tous comptes faits, une patente coûte bien plus à l'inventeur étranger qu'au citoyen américain, lequel jouit en outre, exclusivement, du privilège du « Caveat » ou protection provisoire.

Aussi le nombre et la progression dont il est question se rapportent surtont à des patentes américaines.

Voici le tableau de demandes déposées et délivrées, depuis 1842 jusqu'en 1881.

	Déposées.	délivrées.
1842 —	761	517
1843 —	819	531
1844 —	1.045	502
1845 —	1.246	619
1846 —	1.272	572
1847 —	1.531	660
1848 —	1.628	1.070
1849 —	1.955	395
1850 —	2.193	869
1851 —	2.258	1.020
1852 —	2.639	958
1853 —	2.673	1.902
1854 —	3.324	2.024
1855 —	4.435	2.502

	Déposées.	délivrées.
1856 —	4.960	2.910
1857 —	4.771	3.710
1858 —	5.364	5.364
1859 —	6.225	4.819
1860 —	7.653	3.340
1861 —	4.643	3.521
1862 —	5.038	4.170
1863 —	6.014	5.020
1864 —	6.972	6.616
1865 —	10.664	9.450
1866 —	15.269	13.015
1867 —	21.276	13.378
1868 —	24.420	13.986
1869 —	19.271	13.321
1870 —	19.171	13.321
1871 —	19.472	13.033
1872 —	18.246	13.590
1873 —	20.414	12.864
1874 —	21.602	13.599
1875 —	21.638	14.837
1876 —	21.425	15.505
1877 —	20.947	14.187
1878 —	20.890	13.844
1879 —	20.963	14.213
1880 —	23.012	13.947
1881 —	26.059	16.584

D'aucuns croient qu'il y a un délai d'exploitation aux Etats-Unis ; il n'en est rien ; la loi ne prévoit aucun délai de cette nature.

D'ailleurs, l'examen attentif de la loi que nous avons publiés *in extenso*, suffit à bien faire connaître et à bien appliquer tous les articles de cette loi.

Charleville. — Imprimerie A. Pouillard.

MÉMOIRE

SUR

L'EXPOSITION UNIVERSELLE DE 1878

PAR

D.-A. CASALONGA, Ingénieur

PREMIER PRIX

DE LA SOCIÉTÉ DES ANCIENS ÉLÈVES DES ÉCOLES NATIONALES DES

ARTS & MÉTIERS

(Concours Mignon)

INTRODUCTION SUR L'EXPOSITION

Description de quelques Appareils divers, de la Métallurgie et de la Mécanique

GÉNÉRATEURS & MOTEURS

Petits Moteurs : à air chaud, à gaz, à vapeur, rotatifs, à pétrole

CHAUDIÈRES DIVERSES

MACHINES A VAPEUR

DES SYSTÈMES

WOOLF — COMPOUND — CORLISS

ENSEIGNEMENT PROFESSIONNEL TECHNIQUE

Prix : 16 francs

CHEZ L'AUTEUR

Office des Brevets d'invention, Patentes, etc.

15 — Rue des Halles — 15

PARIS

OUVRAGES DU MÊME AUTEUR

A SON OFFICE INDUSTRIEL DES

BREVETS D'INVENTION

15, rue des Halles, 15, *entrée* rue des Déchargeurs, 11

PARIS

PRIX

Le Chaudronnier (Encyclopédie Roret) revu et corrigé............ 5 »»

Le Terrassier (Encyclopédie Roret) considérablement augmenté, avec planches.. 5 »»

Les Machines à vapeur. — La Métallurgie et ses Machines-Outils en 1867; 1er prix de la Société des Anciens Élèves des Écoles d'Arts et Métiers (*Édition épuisée*).

Études sur les Engrenages à dents héliçoïdes en forme de chevrons.. 3 »»

Compteur à eau (Mémoire descriptif du) **sans pression**, système D.-A. Casalonga.. .... 2 »»

Presse continue (Mémoire sur la) **réalisant le travail même de la presse hydraulique**, par D.-A. Casalonga........ .... 2 »»

Série ou Éléments proportionnels de Construction, grand in-4°, avec texte et 64 planches, pour les Constructeurs-Mécaniciens, Chefs de Travaux, Dessinateurs .... 25 »»

Mémoire sur l'unification internationale des Séries de Pas de Vis et de divers autres Organes de Construction (Communication au Congrès international du Génie civil)........................ 2 »»

Mémoire sur l'Exposition Universelle de 1878, 1er prix Concours Mignon, de la Société des Anciens Elèves des Écoles des Arts et Métiers.. 16 »»

Rapport sur l'enseignement du dessin élémentaire............. »» »»

Guide des Inventeurs en France.............................. 2 »»

Id. **id.** **en Belgique** .... 2 »»

Id. **id.** **en Espagne** (Loi nouvelle)................ 2 »»

Id. **id.** **en Allemagne** (Loi nouvelle).............. 2 50

Id. **id.** **en Luxembourg** (Loi nouvelle)............ 2 »»

Id. id. **en Portugal et au Brésil**.................. 2 »»

Études sur les autres Législations étrangères, concernant la propriété industrielle. — États-Unis, République Argentine, Autriche-Hongrie, Italie, etc. (Sous presse).

Chronique industrielle, hebdomadaire, illustrée : France et Belgique.. 25 »»

Union............. 30 »»

www.ingramcontent.com/pod-product-compliance
Ingram Content Group UK Ltd.
Pitfield, Milton Keynes, MK11 3LW, UK
UKHW020955220726
13924UKWH00002B/699

9 782019 320171